AF236441

Wird unsere Liebe überleben

oder lasse ich das Schicksal

entscheiden?

LUCA GOMES

Wird unsere Liebe überleben oder lasse ich das Schicksal entscheiden?

Luca Gomes

Bibliografische Information der Deutschen Nationalbibliothek: Die Deutsche Nationalbibliothek verzeichnet diese Publikation in der Deutschen Nationalbibliografie; detaillierte bibliografische Daten sind im Internet über dnb.dnb.de abrufbar.

Herstellung und Verlag: BoD – Books on Demand, Norderstedt

ISBN: 978-3-7568-1979-9

Wird unsere Liebe überleben oder lasse ich das Schicksal entscheiden?

Vom Himmel zur Hölle

Dieses Buch ist voller
Gedanken, die mich durch das
Licht des Tages und den
Anbruch der Nacht verfolgen.
Ich schätze, man kann es meine
Therapie nennen.

–Bestimmung

Himmlisch

Wir sind so oft in unseren traurigen und beängstigenden Gedanken gefangen, dass wir die Schönheit des Lebens vergessen, die direkt vor uns passiert.

In diesen Zeiten ist es besonders schwierig, das Leben so zu sehen, wie es ist und die Schönheit, die sich hinter den meisten Situationen verbirgt, wahrzunehmen.

Wir müssen das Beste aus dem machen, was wir haben und das Leben entsprechend angehen. Lass dir nicht deine Lebensfreude von deinen negativen Gedanken nehmen, finde neue Wege, um es wieder angenehm zu machen!

– *Luca Gomes*

„Das Naturgesetz besagt, dass jeder Anfang ein Ende haben muss. Deine Geburt endet in deinem Tod, was dazwischen liegt, nennt sich „Leben".

Wir müssen unsere Existenz anerkennen und dass wir uns derzeit im Zustand des Lebens befinden. Der Tod ist ein Abschluss, nicht etwas, auf das man hinarbeiten sollte. Lebe dein Leben, bevor dein Leben dich lebt."

– *Luca Gomes*

„– Herbst

Strahlende Blätter, mit der Form von Perfektion.

Liebe nie weit entfernt, weit weg von Vernachlässigung.

Gleitend im Wind habe ich meine Blume getroffen.

In der Hoffnung, dass unsere Gefühle uns niemals auffressen.

Ich bin der Kolibri, an deinem Blütenstaub werde ich naschen.

Du lässt mich fragen, wirst du jemals gehen?

Hoffnungslos verliebt.

Angst, mich zu verirren.

Bleibe bei dir, koste es, was es wolle."

– *Luca Gomes*

„In elenden Gedanken kann großes

erreicht werden."

– *Luca Gomes*

„Die goldene Sommersonne, eine Widerspieglung deiner Haare, der strahlenblaue Himmel so schön wie deine strahlendblauen Augen.
Die kühle Sommerbriese eine Reminiszenz deines Atems, der mein inneres Kind stetig im völligen Frieden hält.
Sommerliche Glücksgefühle sprühen durch die Gesamtheit meiner Existenz, die du so wundervoll zubereitet hast.
Eine Dankbarkeit, die jenseits des Greifbaren lebt."
– *Luca Gomes*

„Glück, jenes ich suche.

Glück, welches ich brauche.

Das Glück wird fliehen.

Bis ich das Glück sehe.

Dann und dort falle ich auf die Knie.

Mein Glück wird niemals weichen.

Du und ich enden im Frieden."

– *Luca Gomes*

„Und wenn du das Schicksal, das die ganze Zeit auf dich zugekommen ist, wirklich annimmst, wirst du vollkommenen Frieden finden, in dem Elend, welches sich jetzt Leben nennt."

– *Luca Gomes*

„Einsame Tage fühlen sich grau und leer an, bis wir uns endlich wiedersehen und wirklich glücklich sein können."

– *Luca Gomes*

„Mir wurde klar, dass wenn man jemanden wirklich liebt, man sich nicht auf eine Beziehung einlassen möchte, nur um diese offizielle besondere Bindung zu haben oder aus einem Gefühl heraus. Man will es tun, um sicherzustellen, dass die Person nicht einfach geht.

Dabei wurde mir auch klar, dass Liebe kein zufälliges Gefühl von Schmetterlingen sein kann, wenn man jemanden sieht, sondern wenn man nur diese eine Person anschauen möchte und alles andere weniger wichtig wird.

Liebe bringt dich dazu, nicht einfach anderen Menschen hinterher jagen zu wollen, sondern dieser einen Person dein ganzes Herz zu geben. Jetzt kann Liebe körperlich erscheinen, erreicht aber ihren höchsten Wert, wenn sie geistig ist."

– *Luca Gomes*

„Ich möchte großartig sein in dem,

was ich tue und wenn Leben das ist,

was ich tue,

möchte großartig im Leben sein."

– *Luca Gomes*

„Das Leben ist zu kurz, um den Tod
zu genießen.“

– *Luca Gomes*

„Gib deine Energie für Menschen aus, die sie verdient haben, und verbiete dir, deine Energie an Menschen zu verschwenden, die sie nicht einmal zurückgeben würden."

– *Luca Gomes*

„Eines Tages wird ein Mensch in dein Leben treten, der deine Welt komplett auf den Kopf stellt, ohne Schaden anzurichten."

– *Luca Gomes*

„Eine leere Seite – Der sichere Ort
meiner chaotischen Gedanken."

– *Luca Gomes*

„Geht es zu schnell oder ist es einfach nur Liebe?"

– *Luca Gomes*

„Liebe beinhaltet nicht nur Glück, Leichtigkeit und Sicherheit, sondern auch Zweifel, Sorgen und Kämpfe. Es geht nicht darum, wie es kommt, sondern darum, was man daraus macht."

– *Luca Gomes*

„Strukturen von Wörtern, enthalten
meine Sinne, meine Liebe fällt
heraus, ins Unendliche."

— *Luca Gomes*

„Vibrationen berühren sanft mein
Ohr.

Impulse in meinem Gehirn lassen
mich fühlen.

Antworten finden ihren Weg zu
meiner Erkenntnis.

Wird es Einheit oder Spaltung sein?

Musik, mein täglicher Therapeut."

– *Luca Gomes*

„Du bist mein Sonnenschein und meine Freude,
Du lässt mich innerlich so schön fühlen.
Manche Tage sind schwierig, und manche sind gut,
Ich bin so dankbar, dich mein nennen zu dürfen."

– *Luca Gomes*

Dazwischen

„Es ist nicht der vorübergehende Schmerz, den man erleiden muss,

Es sind die Folgen von Störungen, die dir bis in die Helligkeit deines Geistes folgen und deine Wahrnehmung dessen, was wirklich schön im Leben ist, trüben."

–Luca Gomes

„Eine bizarre kleine Person, so klein
wie eine Beere, die am größten
Baum des Waldes hängt.

Mit all seiner inneren Kraft hängend
an einem Ast.

Hoffnungen und Träume ähneln den
Jahreszeiten.

Dann, wenn die Herbstfarben
vorüberziehen, wird die Beere ihrem
Schicksal zufallen, mit der
Wahrscheinlichkeit, von der bloßen
Wucht des Lebens zermalmt zu
werden."

–Luca Gomes

„Ich habe den Behaviorismus,

schlechte Entscheidungen zu treffen,

zu lange geduldet."

– *Luca Gomes*

„Anderssein ist die Verwirrung des Normalseins."

– *Luca Gomes*

„Sie fragt sich, was los ist

aber sie schafft es nie die richtige

Antwort zu finden."

– *Luca Gomes (2017)*

„Du kannst entweder die Realität sehen oder der Unsicherheit vertrauen."

– *Luca Gomes*

„Argumente und Fragen –

Argumente, bei denen wir die ganze

Gewissheit der Situation

vernachlässigen.

Wir müssen die Realität als Ganzes

sehen.

Motivationen und Ambitionen.

Zuvor und in voller Präsenz.

Wie hat man sich verändert? Wann

kam der Wechsel?

Hat man sich überhaupt verändert?

Was ist der Bedarf? Besteht

überhaupt Bedarf?

Ist es nur eine einfache Situation oder

ist es mehr als das?

Eine Argumentation ist die erfüllte Handlung, Ehrgeiz und Motivation zu präsentieren.

Motive sind also wichtig in Argumentationen und Grenzen.

Die Motive einer Person werden teils durch Handlungen und Charaktereigenschaften aus der Vergangenheit und teils aus der Gegenwart gesteuert.

Vergangenheit und Gegenwart sind einander würdig."

– *Luca Gomes*

„Akzeptieren, aber nicht verstehen –
Der Akt, mitzumachen, aber dem,
was gesagt wurde, grundsätzlich nicht
zuzustimmen."

– *Luca Gomes*

„Es ist schwer, nicht als anders verstanden zu werden, obwohl man sich nicht mit der Mehrheit um sich herum identifizieren kann."

– *Luca Gomes*

„Egoistische Menschen werden nie darüber nachdenken, wie dich ihre Handlungen fühlen lassen,
und kümmern sich daher nicht um die Folgen."

– Luca Gomes

„Ist es überhaupt gut, wenn du es bereust, zu viel getan zu haben, weil du Angst hast, dass diese Person jetzt Erwartungen hält?"

– *Luca Gomes (2016)*

„Überdenken ist der Killer aller Freude und die Vorbereitung allen Übels."

–Luca Gomes

„Unfreiwilliges Leiden wird dich dazu bringen, positives Denken zu vernachlässigen."

– *Luca Gomes*

„Wir wollen nicht, was wir nicht haben können, wir wollen die Illusion erleben, was es hätte sein können."

– *Luca Gomes*

„Manchmal ist es der pure Mangel an Willenskraft, der uns unser Potenzial verweigert."

– *Luca Gomes*

„Alles im Leben ist so gewiss wie der Ablauf jedes Anfangs."

– *Luca Gomes*

„Was macht mich besonders? –

Zumindest nicht das

Offensichtliche."

– *Luca Gomes*

„Wer es wagt, bestenfalls nicht egoistisch zu sein, ist dennoch egoistisch."

— *Luca Gomes*

„Ich hätte nie gedacht, dass Karma mich so treffen würde, so wie es passiert ist.
Ich hätte nie gedacht, dass ich mich danach schlecht fühlen würde,
aber ich denke, ich werde mich nicht davon trennen.
Es ist die Quittung, die ich bekomme, für die Dinge, die ich getan habe."

– *Luca Gomes*

„Als notwendig ich erachtet werde,
denn eine Tragödie ich sehen
werde."

– *Luca Gomes*

Hölle

Manchmal lernen wir neue Leute kennen und malen uns sofort ein Bild von ihnen in unseren Köpfen. Das nennt man Wunschdenken. Meistens werden die Menschen unsere Erwartungen nicht erfüllen und das, kann ziemlich schwer zu akzeptieren sein. Jetzt hängst du an dieser Person und plötzlich wird dein Bild verzerrt. Du hast das Gefühl, dass du diese Person nicht mehr erkennst. Jetzt bleibst du wach und denkst über die verrücktesten Dinge nach, während die andere Person überhaupt nicht nachdenkt.

Nun musst du unfreiwilliges Leiden
ertragen. Du wünschst dir, dass dein
Partner darüber nachdenkt, wie du
dich fühlst, anstatt nur zu versuchen,
sich durchzusetzen. Was genau sollen
wir an dieser Stelle tun?

Darauf habe ich noch keine Antwort
gefunden.

„Freude sucht sich im Leiden.
Folgen von Bindungen und
Aufmerksamkeit.
Der eine, der beim Nachdenken ist,
und der andere, der bei der
Vernachlässigung bleibt. Die
Unheimlichkeit sich selbst
erstickender Gedanken."

   – Luca Gomes

„Früher war ich dein Seelenverwandter, jetzt bin ich nur noch ein unbekannter Besucher in deiner Geisterstadt der Erinnerungen."

— *Luca Gomes*

„Ungleichheit –

Blaue Großartigkeit.

Dunkelheit des Abgrunds.

Getrübt von meinem nebligen Atem,

der den Horizont erfüllt.

Mein Herz schwingt mit dem

Wasser, von dem ich umgeben bin.

Benachbart vom großen Nichts,

fühle ich, wie mein Körper schwach

wird.

Mein Geist so neblig wie die

Entfernung, die meine schweren

Augen kaum sehen können.

Weichherzige Nostalgie, die

plötzlich durch meinen

schmerzenden Körper strömt.

Ich schnappe nach Luft.

Ich bekomme einen Ansturm der
Akzeptanz und fülle meine Lungen
ein letztes Mal mit der
Vollständigkeit der Luft.

Die Unheimlichkeit der Verwirrung
fühlt sich nicht mehr so schlimm an.

Dann erkenne ich die Sterblichkeit
des Lebens.

Ein letzter Blick auf das Schicksal, auf
das ich hingearbeitet habe.

Bis ich in den Abgrund folge."

– *Luca Gomes*

„Du sagst, es tut dir leid, aber niemals wofür.

Schmerz ist in der Gegenwart, Liebe aus der Tür.

Obwohl meine Gedanken die Ruhe sind.

Würde mein Herz zerbrechen und mein Schmerz würde niemals verschwinden.

Du willst Glück, ich will Frieden."

– *Luca Gomes (2017)*

„Manchmal sind wir uns nicht sicher, ob die Beziehungen, die wir eingehen, langfristig für uns profitabel sind. Wir müssen die Entscheidung treffen, ob wir bereit sind zu bleiben und das brennende Elend in unseren Herzen da zu lassen, bis wir irgendwie einen Weg finden, es zu löschen, ODER ob wir den Brennstoff wegnehmen, der das Feuer am Brennen hält. Diese Entscheidung erweist sich als schwierig. Aus einem brennenden Keller kann leicht ein brennendes Haus werden. Liebe in diesem Sinne kann besonders schwierig sein, erst recht, wenn dein Haus brennt und du das Gefühl hast, dass bestimmte Unterschiede zu stark sind. Atme tief durch, nimm dir Zeit zum Nachdenken." – *Luca Gomes*

„Du warst etwas, das ich lieben

würde.

Etwas, auf das ich stolz und dankbar

sein würde.

Jetzt hat sich meine Vision gewendet

und mein Bild von dir hat sich

verändert.

Unser vorheriger Zustand,

unmöglich wiederzuerlangen.

Ich widme dir ein Gedicht, etwas,

das mir so kostbar ist.

Jetzt hast du mich dazu gebracht, nur

noch gehen zu wollen.

Ich werde es nicht überleben, weiter

daran zu denken.

Alles, was es tut, ist, mich krank zu

machen.

Ich bin aus so vielen Gründen sauer

auf dich.

Alles, worum du dich gekümmert
hast, ist es, die Männer zu wechseln,
genau wie die Jahreszeiten.
Du hast mich den ganzen Weg über
betrogen.

So oft, dass ich nicht weiß, was ich
noch tun soll.

Ich habe dir gesagt, dass ich dich
lieben würde.
Das ist nun vorbei.
Alles, was übrigbleibt, ist Hass, mehr
nicht.

Ich kann nicht besonders sein, wenn
es ein halbes Dutzend Männer vor
mir waren.

Ich bin leichtfüßig.
Meine Knie sind zu schwach.
Meine Knochen beginnen zu
splittern.
Aber warum sollte das wichtig sein?"
– *Luca Gomes (2016)*

„Es ist, als würde man ohne Fackel in eine Goldmine gehen – Wie willst du das Gold sehen, wenn du nicht einmal das Licht sehen kannst?"

– *Luca Gomes*

„Wenn sich unsere sanften Berührungen treffen und unsere Lippen kollidieren, habe ich das Gefühl, dass du schon einmal berührt wurdest.

Wie eine unverkaufte Frucht, die schon eine Weile in der Ablage lag und immer wieder aufgehoben aber doch fallen gelassen wurde.

Du bist mit Druckstellen übersät; Du hast Schnitte und Prellungen. Jedes Mal, wenn ich einen Bissen von dir nehme, kann ich nicht anders, als die Folgen der völligen Vernachlässigung zu schmecken, die du erfahren hast.

Ich kann mir nur all die verschiedenen Hände vorstellen, die dich berührt und deinen Körper gestreichelt haben.

Ich bekomme einen üblen Geschmack in meinem Mund, während meine Lippen deine Schale berühren und ich versuche, in dich zu beißen. Die Frucht, die einst so genussvoll war, ist jetzt widerlich und bitter. Ich kann dich nicht als die schöne und kostbare Frucht sehen, die du einst warst. Keine noch so große Vorstellungskraft kann den Geschmack verändern, den du abgibst.

Irrationalität. Der 4. ist der Zehner eines Sommers."

– *Luca Gomes (2018)*

„Jede Nacht werde ich mit der leeren Seite meines Bettes konfrontiert, die durch deine fehlende Anwesenheit frei geworden ist. Was, wenn die Leere der Füller für meine Wut ist? Könnte es sein, dass ich Freude an der Ungleichheit finde?
Oder könnte meine Ungleichheit nur Wut sein, die zu meiner unheimlichen Leere führt?
In genau dieser Minute finde ich mich in einem nie endenden Schlupfloch wieder, das sich Überdenken nennt. Ich werde meine Seele mit leeren Versprechungen einer noch nicht angebrochenen Zeit betrachten.

Ich werde meine Seele zu Tode bluten lassen, indem ich meine Leere mit Ereignissen fülle, die meine ungetrübten und freudigen Gefühle in ein Verhängnis verwandeln werden."

– *Luca Gomes*

„Ich bin es nicht leid zu leben.

Ich bin es leid, nicht tot zu sein."

– *Luca Gomes*

„Die Vergangenheit ist der Informant
der Gegenwart."
– *Luca Gomes*

„Und wenn mein Verstand jener Realität nachgibt, die noch nicht begonnen hat, genau dann wird es sein, dass meine leeren Gefühle beginnen, sich mit Trauer zu füllen."

– *Luca Gomes*

Ich neige oft dazu, selbsterfüllende Prophezeiungen zu kreieren, weil ich zu viel über Situationen nachdenke, die noch gar nicht eingetreten sind. Ich überdenke so viel, dass ich jedes mögliche Worst-Case-Szenario in meinem Kopf erschaffe, was dazu führt, dass ich mich wegen der Situation und der internalen Attribution schlecht fühle. Ich schätze, ich muss lernen, alle möglichen guten Ergebnisse zu sehen, statt nur die schlechten.

„Liebe ist ein schreckliches Gefühl, das dich dazu bringt, irrationale Dinge zu tun, die dich schließlich verbrennen werden, weil du zu viel von dir selbst investiert und nicht einmal die Hälfte davon zurückbekommen hast. Pass auf dich auf."

– *Luca Gomes*

„Es ist die schiere Ignoranz von Empathie oder vielleicht sogar das Fehlen dessen, die dich fragen lässt, ob du überhaupt etwas Besonderes für sie bist."

– *Luca Gomes*

„Es ist der Konflikt zwischen, bleibe ich bei einer Person, deren Antworten mir ständig ein schlechtes Gewissen bereiten, und ich versuche, mich daran zu gewöhnen, oder laufe ich weg und versuche es gar nicht erst?"

– *Luca Gomes (2015)*

„Aber was ich weiß, ist, dass es mich so sehr zerreißt, dass ich die Lust am Tageslicht und die Freude an der Nacht verliere."

– *Luca Gomes*

„Mein Verstand ist ein Friedhof voller zerbrochener Hoffnungen und Träume, der sporadisch von meinen hohlen Gedanken und Gefühlen besucht wird, die darum kämpfen, sich über Wasser zu halten.
Bald darauf, wenn jedes bisschen Trauer dazu verwendet wurde, um die Narben zu heilen, die ich mir selbst zugefügt habe, befreit sich mein Körper von jedem Schmerz und Elend und verwandelt meine Emotionen in graue, leblose Reaktionen."

– *Luca Gomes*

„Wird es mehr weh tun zu gehen?

Oder wird es mehr weh tun zu

bleiben?

Gewissheit gegen Hoffnung."

– *Luca Gomes*

„Fürchte ich das Gefühl der Liebe,
oder fürchte ich, was mein Verstand
dazu zu sagen hat?"

– *Luca Gomes*

„Wenn Liebe und Hass nachlassen, erkennst du, dass die Wucht der Emotionen zu einem Zustand der Leere abgenommen haben."

– *Luca Gomes*

„Sie haben mich aus dem Dreck gezogen, sie hat mich in den Dreck gesteckt."

– *Luca Gomes*

„Lügen sind der unerwartete Duft verursacht von einer falschen Kerze."

– *Luca Gomes*

Manchmal erlauben wir Menschen,
uns mit ihren Lügen zu überzeugen,
wir lassen sie uns zum Glauben
bringen, dass sie etwas sind, was sie in
Wirklichkeit nicht sind.
Sie zeichnen dieses falsche Bild in
unseren Köpfen darüber, wie sie in
der Vergangenheit gehandelt haben,
aber ihre Handlungen zeigen etwas
anderes.
Kann man der Person danach noch
vertrauen?

Lügen sind wie eine Kerze mit dem
falschen Etikett, man erwartet den
Duft, der darauf steht, bekommt aber
etwas ganz anderes.

„Du hast mir klar gemacht, dass
Menschen ihr Privileg verlieren
können, mit mir sprechen zu
dürfen."

– *Luca Gomes*

„Ich will nicht mehr reden, wirklich
nicht.
Du sagst, du wirst für mich da sein,
wann immer.
Aber das wirst du nicht.
Du würdest bei schlechtem Wetter
bei mir bleiben.
Dann wurde mir klar, dass du es
nicht wirklich tun würdest."
– *Luca Gomes (2018)*

„Du redest mit mir, wann du willst.
Du nimmst dir Zeit für mich, wann
du willst.
Du kümmerst dich um mich, wann
du willst.
Du sagst, du kümmerst dich die
ganze Zeit um mich, aber das tust du
nicht.
Du sagst, du wirst es merken, aber
das wirst du nicht.
Ich werde nicht nachgeben, nein, das
tue ich nicht.
Ich werde mich nicht von meiner
Dummheit übernehmen lassen, nein,
das werde ich nicht.
Ich werde mir selbst treu bleiben,
auch wenn du es nicht tust.“
– *Luca Gomes (2015)*

„Ich muss aufhören, mich so zu
fühlen, wie ich es gerade tue.
Ich muss aufhören, mich so sehr
darum zu kümmern.
Ich muss aufhören, so viel zu tun.
Ich muss aufhören, so viel zu geben.
Denn egal was ich mache,
für meinen Seelenfrieden wird es nie
genug sein."

– *Luca Gomes*

„Was, wenn es so weh tut, dass deine Tränen es nicht einmal mehr wagen sich die Mühe zu machen, über deine Wangen zu laufen?

Ein einst friedliches Gemälde, das von einem unbekannten Künstler, in Grautöne verwandelt wurde. Der Künstler ist so unbekannt, dass das Bild selbst seinen Sinn verlor.

Ich hätte nie gedacht, dass mich ein solches Gemälde jemals so anschreien könnte.

Alle schauen zu, so fühlt es sich an. Ich habe einmal versucht mein eigenes Bild zu malen, scheint kläglich gescheitert zu sein. Ich habe alle möglichen Farbtöne verwendet und versucht, sie so gut wie möglich miteinander zu mischen. Behutsam

habe ich auf einer leeren Leinwand
ein Gemälde zusammengestellt ... na
ja, das dachte ich. Es scheint, als hätte
schon einmal jemand dieselbe
Leinwand berührt und sie ist nicht
mehr in einem perfekten Zustand.
Traurig zu sehen, wie mein Bild
durch die gescheiterte Pflege eines
anderen ruiniert wird.
Mein friedliches Bild wirft plötzlich
Farbe auf mich zurück, allerdings
nicht die, die ich verwendet habe.
Scheint, als wäre die gräuliche Farbe
von demjenigen abgekratzt worden,
der vor mir die Leinwand bemalt hat.
Farben wie Schwarz und Grau
schlagen mir ins Gesicht, während
ich mich ekelhaft und verletzt fühle,

durch die Mühe, die ich investiert
habe.

Ich versuche verzweifelt zu helfen
und die einst so grellen Farben
wieder in Ordnung zu bringen.
Mein Pinsel wird aus der leichten
Berührung meiner Finger
herausgedrückt.
Farbe schlägt mir wieder ins Gesicht.
Ich fühle mich beleidigt und verletzt.
Der Künstler, der vor mir dort war,
hat mir eine Leinwand hinterlassen,
mit der ich versucht habe, sanft zu
sein, aber die mich dennoch verletzt
hat.
Wie kann es sein, dass meine sanften
Bemühungen in solch drastische
Taten umschlagen?

Ich war derjenige, der versucht hat,
die Leinwand aufzuhellen und ihr
jedes bisschen Liebe, das ich in mir
gelassen habe, zu geben. Mehr Liebe
als je irgendetwas zuvor bekommen
hat. Was bleibt?

Eine zweifarbige Leinwand, die mich
so behandelt, wie sie ihre Künstler
vor mir hätte behandeln sollen.

Das sehe aber nur ich so.

Wieder schauen alle zu. Warum
sehen sie ein Gemälde, das sich von
meinem unterscheidet? Sie sehen die
hellen, schönen Farben, die mit den
Augen jener, die die Leinwand
anschauen, zu spielen scheinen. Es
ist, als wüsste das Gemälde, wie
verspielt es sein kann. Es nutzt diese
Verspieltheit, um die

Aufmerksamkeit zu bekommen, die es braucht, oder vielleicht denkt es nur, dass es diese Art von Aufmerksamkeit braucht... oder, vielleicht ist es dem Gemälde sogar egal und es denkt nicht nach.

Worüber sollte es nachdenken? Darüber, wie ich mich dabei fühlen würde?

Erbärmlich.

Es gab eine Zeit, in der es mir sagte, dass es mich wieder malen lassen würde. Oh, wie falsch ich lag, das zu glauben. Schließlich fragte es immer wieder nach verschiedenen Künstlern beziehungsweise nach Künstlern, von denen es Geschenke bekommen würde, wie neue Farben oder Pinsel.

Sind meine Farben nicht hell genug?

Sind meine Pinsel nicht weich genug?

Scheint, als hätte ich alle meine bunten Farben aufgebraucht… alles, was übrig ist, ist Schwarz und Grau. Die einzigen Farben, die ich nie für dieses Gemälde verwenden wollte. Schlussendliche benutzte das Gemälde diese Farben an mir."

– *Luca Gomes (2017)*

Seitenkunst und Gedichte von *Luca Gomes*

Über den Autor

Luca Gomes ist ein 23-jähriger Student aus Deutschland. Schon früh erkannte er seine poetische und etwas philosophische Seite. In seinem ursprünglichen Gedichtband beschreibt er seine Gedichte als „sicheren Ort", „chaotisch" und „Therapie", die er als Ventil für seine damaligen Gefühle nutzt. Dieses Buch ist seine zweite Veröffentlichung und enthält nicht alle seine Gedichte, die er in seinem ursprünglichen Buch gesammelt hat.

Anerkennung und Danksagung

Zuallererst möchte ich meiner Freundin dafür danken, dass sie mich während des gesamten Schreibprozesses dieses Buches motiviert und betreut hat. Ich hätte dieses Buch wahrscheinlich nicht veröffentlicht, wenn sie nicht gewesen wäre.

Ich möchte meiner Familie dafür danken, dass sie mich nicht aufgegeben und meine verrückten Ideen immer unterstützt hat.

Abschließend möchte ich dem Leben dafür danken, dass es mich ständig zum Schreiben inspiriert.

Wenn Sie mehr über mich erfahren
möchten, besuchen Sie bitte meine
Instagram-Seite unter
"chaoticmankindpoetry"